AF364121

AMOR SIN CORAZÓN
La promesa nunca cumplida

Cici Mendoza

AMOR SIN CORAZÓN

La promesa nunca cumplida

EDITORIAL
Letra Minúscula

Primera edición: septiembre de 2020
ISBN: 978-84-18447-34-1
Copyright © 2020 Cici Mendoza
Editado por Editorial Letra Minúscula
www.letraminuscula.com
contacto@letraminuscula.com

AGRADECIMIENTOS

Un agradecimiento especial a una amiga lectora, colaboradora para la realización de este libro y funcionaria mexicana de profesión, considerada una de las mujeres hispanas más influyentes en el estado de Oregon, U.S.A. La señora Claudia Cabrera.

A mis hijos, por ser parte de mi historia, por dejarme ser su mamá, quiero agradecerles todo su amor y paciencia y decirles que ellos son el gran amor de mi vida ahora y siempre, antes y después, y por toda la eternidad.

Gracias a todas las personas que me apoyaron con este proyecto y a las que aparecieron en mi vida por mi camino para poder escribir esta historia.

Gracias muy especialmente a una persona que cambió mi vida, que me rescató y me ayudó sin condición alguna, sin criticar, y nunca esperando nada a cambio me ayudó a volver a creer en el amor, a creer en mí y en lo hermosa que es la vida, y quien para mí, su alma representa la dualidad, el equilibrio, la diplomacia y la adaptabilidad, la perspicacia, la sensibilidad y el altruismo.
Mi esposo y compañero de vida: LUIS MENDOZA.

Índice

Este libro fue pensado para todas esas mujeres y hombres que sufren en silencio.

Silencio que no les permite alzar la voz y tomar una decisión ni en su propio hogar, porque conviven con una persona agresiva, obsesiva y narcisista.

Ya es tiempo de que se nos respete, como seres humanos, compañeras(os), y madres o padres de familia. Digamos alto a la opresión de la pareja, del compañero(a), de los hijos, y hasta de los propios padres.

Busquemos ser tratadas(os) con amor y dignidad. En este libro encontrarás una historia que te ayudará a reconocer dónde te encuentras y a liberarte de esas cadenas, para que al final puedas hacer una mejor versión de ti misma(o) y así poder tomar la mejor decisión de tu vida hacia…

TU LIBERTAD EMOCIONAL.

PRÓLOGO

*La vida no se hace más fácil o indulgente,
nosotros nos hacemos más fuertes y resilientes*
Steve Maraboli

En algún momento «alguien» nos jala hacia este mundo. Un momento en el que nos vemos a la distancia y revisamos la película de nuestras vidas... Es ese momento en el que decidimos reinventarnos; es ese momento en el que buscamos una salida; y es ese momento... en el que decidimos forjarnos en la resiliencia.

Los seres humanos estamos llamados a la plenitud y a la felicidad, pero en muchas ocasiones nos cerramos a la idea de que merecemos estar bien, y vamos permitiendo que otros tomen control de ella hasta que nos desvanecemos y despersonalizamos. La culpa vuelve a recaer sobre nuestros hombros: ¿en qué momento permití todo esto?

O cambio mi vida, o la pierdo...

La autora muestra a través de esta historia cómo aferrarnos a eso que llamamos vida y la forma en que naturalmente nos lleva a rechazar aquello que nos violenta y nos lastima. Nos muestra que abrir los ojos, más que un hecho natural, se convierte en un acto de conciencia a lo que nos ocurre: ver y leer las señales a nuestro alrededor. Pensar en cómo puedo rehacer mi vida de una forma positiva, porque me lo merezco.

El punto de partida es la libertad emocional, es el reconocimiento de la individualidad en la decisión de ser felices, de perdonarnos, de establecer límites, de desapegarnos y dejar ir, de aprender y de fortalecernos hacia lo positivo y construir en la adversidad.

Claudia Cabrera
Diplomática Mexicana

I

Cada madrugada, cuando el bebé de Camila la despierta para comer, ella prepara su biberón y lo acoge en sus brazos para contemplarlo mientras él come. Mientras termina de comer, espera hasta una hora para volver a acostarlo en su cuna. Durante esa hora de espera ella lo contempla, al tiempo que se hace la misma pregunta una y otra vez: ¿por qué tardó tanto tiempo en vivir la verdadera felicidad? Voltea a ver a su esposo, quien está durmiendo a su lado, y vuelven a su mente esos momentos en que fue abusada física y verbalmente por un hombre que no se quería ni a sí mismo. Esos hombres —y en otros casos las mujeres también— piensan que son perfectos, que su pareja es la que se está haciendo la víctima y que está equivocada en todo, y que ellos son los hombres y mujeres más amorosos del mundo. O al menos eso te hacen creer, y lo hacen de tal manera que terminan creyéndose. Son ese tipo de personas con una facilidad de palabra y de convencimiento, que envuelven a cualquiera cuando hablan.

Esta es la historia de una mujer que tomó la decisión de su vida, la decisión de ser feliz después de estar muchos años con la persona equivocada, cansada de abuso físico, moral y hasta sexual. Una mujer que decidió dejar esa vida de maltrato, decisión que al final resultó ser la mejor de su vida, porque encontró el amor y no esperó terminar como algunas otras mujeres que, por aguantar maltrato, terminan en un cementerio, sin la oportunidad de ser felices, escuchadas, comprendidas y apoyadas. Pero lo más importante: sin experimentar el verdadero amor. Van dejando solo dolor a sus familias, dejan este mundo donde para los demás ellas fueron las víctimas y las culpables, mientras el agresor sigue viviendo y haciendo más daño a quien se cruza por su camino.

Ella, Camila, decidió ser feliz.

Este es un recuento de los daños.

II

Recuerdo cuando conocí a ese hombre, a mi exesposo. Fue en una ida a la iglesia del pueblo. Mi mamá me insistía tanto en salir con mis amigas. Yo era una muchacha muy seria y callada, apenas había cumplido mis quince años y muy difícilmente me atrevía a salir de casa sola, me daba miedo. Pero un día mi mamá me convenció y salí. Vivíamos en Cuautla, en el estado de Morelos, México, un pueblo muy chico donde toda la gente nos conocía. Mis amigas eran las que cantaban en el coro de la iglesia. Yo me negaba a ir pero mi mamá insistió tanto que terminó convenciéndome. No sabía que desde ese momento la verdadera historia de mi vida, y mi infierno, comenzarían ahí, precisamente en una iglesia.

Muchas de las personas han vivido una niñez muy triste, llena de abusos y maltratos. O peor aún: por la falta de sus padres han tenido la necesidad de vivir en la calle o con alguien de la familia que siempre termina abusando de ellos física y moralmente. Gracias a Dios mi infancia fue hermosa, porque tuve una madre muy responsable y amorosa que siempre se preocupó por sacar adelante a sus siete hijos. Muy a pesar de que mi padre faltaba mucho a la casa, ella nunca le faltó al respeto y consagró su vida a sus hijos.

Recuerdo mi niñez muy feliz, como la de cualquier niño, rodeada de seis hermanos mayores; no recuerdo haber tenido momentos tristes o abuso por parte de mis padres o por algún otro adulto. Mi niñez fue muy hermosa, pero también fui la más odiada por mis hermanos, por ser la consentida de mi padre. Recuerdo cuando él llegaba de trabajar. Siempre aparecía con algo en la mano para nosotros, algo de comer, y cuando no era comida nos daba dinero, aunque fuera poco. Mi padre era un hombre muy generoso y trabajador, y siempre traía dinero con él. Yo no recuerdo haberlo visto nunca sin dinero en sus bolsillos.

Mi infierno empezó ya cumplidos mis quince años, cuando salí de mi casa rumbo a la iglesia, un día de febrero de 1991. Todo fue normal. Llegamos a la iglesia, una iglesia vieja, la única que existía en ese pueblo. Me uní al grupo de jóvenes que eran parte del coro, entre quienes estaban mis amigas, por supuesto, las que tanto me insistían en ir y ser parte de ese grupo.

Los del coro teníamos un lugar especial, separado del resto de la gente, que era la parte de atrás de la iglesia, en el segundo piso. Allí cantábamos y tocábamos las melodías que acompañaban las celebraciones dominicales. Al terminar y salir de la celebración de ese primer domingo, nos despedimos todos. Todo muy normal, cada uno se fue a su casa, y yo, feliz por haber complacido a mi madre. Nunca pensaba en mí; como siempre, pensaba en complacer a los demás, sin que me importara lo que yo quería en mi vida. Yo así era feliz, y recuerdo que a todo lo que mi mamá me ordenaba yo obedecía con los ojos cerrados. Todavía no entiendo qué era lo que yo sentía ante ella, si era miedo, respeto, o si simplemente era el amor que le tenía. La veía como la mujer más inteligente del mundo.

Ese primer domingo en misa no advertí la presencia de ese hombre en el grupo. La verdad, ni cuenta me di que estaba ahí, pero parece que él sí me vio a mí. Yo no iba buscando a nadie, ¡solamente pensaba en lo orgullosa que se sentiría mi madre de mí por haber ido a la iglesia con mis amigas! El fin de semana siguiente me invitaron a una fiesta. Una joven que cumplía quince años y sus padres habían hecho una fiesta enorme, a la cual casi todo el pueblo había sido invitado. Ahí se me acercó un joven que había llegado de Nueva York. Había llegado solo para acompañar a su hermana, la chica de los quince, y fue hasta el siguiente día que me enteré de que se había enamorado de mí esa noche, que incluso pensó en casarse conmigo y llevarme a Nueva York con él. A mí me daba risa y solo decía a mis amigas cuando me platicaban eso que estaba loco y que yo nunca me fijaría en alguien así, y menos irme a los Estados Unidos. Eso nunca. Rechacé a ese chico sin ninguna esperanza.

La semana siguiente, mis amigas me platicaron de otro chico que se moría por conocerme. Digo «chico», pero en realidad era cinco años mayor que yo. Se llamaba Javier. Al momento me emocioné mucho porque pensé que nunca nadie se iba a fijar en mí. Ya todas mis amigas tenían novio y yo era la única que seguía sin un enamorado. Hasta ese momento yo no había tenido un novio formal. Era muy callada y apartada de todos, mi vida la llenaban mi mamá y mis hermanos. ¡Apenas había cumplido mis quince años y lo último en lo que pensaba era en un novio! Así pasaron los días, hasta que coincidimos en una reunión de amigos. Ahí Javier me insistió mucho en que aceptara salir con él, y a pesar de que me había molestado tanta insistencia, acepté, presionada por los amigos y por él, pues me decía que esa era mi última oportunidad, que era en ese momento o nunca más volvería a invitarme. Desde ahí empezó esa opresión hacia mí y de esa manera me obligaba a hacer su voluntad.

Yo acepté ser su novia. Bajo tanta presión cualquiera diría «acepto», al menos para que no siguieran insistiendo. Fue el error más grande de mi vida aceptarlo.

Durante el noviazgo salíamos mucho, pero antes de salir él decidía si la ropa que traía puesta estaba bien, si le gustaba, y si no era de su agrado, tenía que regresar a casa a cambiarme hasta que él aprobaba mi forma de vestir. Cuando mi madre veía eso, me decía que eso no estaba bien y que no me iba a llevar a nada bueno.

¡Oh, Dios! ¿Por qué no escuché a mi madre desde ese momento? Yo hacía todo por complacerlo a él aun en contra de mis principios y de mi amor hacia mi madre. Pronto me convertí en una mujer sin voluntad, sin decisiones propias. Todo tenía que consultarlo a él antes de decidir cualquier cosa.

Dicen que una madre siempre te dice la verdad, y hasta que somos adultos comprendemos que ellas solo nos hablan así a los hijos por las experiencias que ellas mismas han tenido en la vida, no precisamente por molestarnos o por prohibirnos ciertas cosas en la vida, especialmente en un noviazgo. Siempre hay que confiar en el instinto maternal. Ahora que soy madre lo sé perfectamente.

Yo estaba impresionada cuando lo conocí, porque era una persona muy culta, con una profesión muy buena. Al menos en ese país se vive muy bien con una profesión como esa. Era contador y llevaba las cuentas de una empresa muy grande. Me dejé envolver con sus palabras. Los hombres que poseen una muy buena facilidad de palabra, o labiosos, como mejor son conocidos, tienen esa palabra de convencimiento increíble, y yo, una jovencita inexperta, todo lo que él me decía lo aceptaba sin decir nada. Así empezamos a salir y yo poco a poco me fui acostumbrando a ese trato. Se me hacía tan normal que no me daba cuenta de aquello en lo que me estaba convirtiendo. Increíblemente, llegué a pensar que todos sus regaños eran por mi bien y que me los merecía porque yo siempre lo hacía enojar. ¡Joder! Qué excusa tan estúpida la mía.

Así transcurrió el noviazgo. Un día, después de cinco meses desde que empezamos a ser novios, él me propuso irme de mi casa con él. Yo, por supuesto, no acepté, tenía esa estúpida idea de que las mujeres solo debían salir de su casa bien casadas o nada, y le dije que la única manera de irme con él era casándome. La verdad no sé en qué estaba pensando en ese momento, porque yo misma me crucifique con esa decisión. Pensaba que él era el mejor partido para mí, que era el hombre de mi vida. Me ilusioné, me enamoré, o al menos eso pensé en esos momentos.

La verdad es que me dejé engañar. Yo misma me engañé porque le creí y me creí un amor puro que solo existía en mis sueños. El típico príncipe azul que rescata a la princesa y viven felices para siempre. Sus palabras resultaron solo mentiras, palabras vacías. ¡¡Un ESPEJISMO!!

III

A los dos días de haberme propuesto irme con él, fue a casa de mis padres a pedir mi mano. Un mes después nos casamos. Fueron solo seis meses de novios. Obviamente mi mamá no estaba de acuerdo, porque era muy poco tiempo de conocernos, pero al final accedió. Fue una boda muy bonita y el vestido de novia que llevaba puesto lo había hecho yo misma con la ayuda de mi madre. Recuerdo que pasamos noches en vela en la confección de ese vestido. Lo hicimos al gusto de ella porque decía que una joven virgen como yo tenía que ir al altar cubierta desde la cabeza hasta los pies. Mi madre y sus creencias, pero a mí me gustaba complacerla en todo, aunque a veces lo que me decía solo me daba risa, pero con tal de verla feliz, la complacía.

Desde la primera semana de casados él me falló cuando el primer viernes después del matrimonio no llegó a la casa. Recuerdo que pasé la noche en vela y lo único que hacía era llorar como una magdalena, llena de miedo. Pasé la noche sola en una casa que me daba mucho miedo porque todavía estaba en construcción y no estaba terminada, no era segura, lo único que tenía listo era ese cuartucho en el que dormíamos y comíamos, y teníamos todos nuestros muebles. Cuando regresó a casa, me dio una explicación estúpida: «Llevé a mi jefe a Acapulco de fin de semana con unas chicas, pero yo solo fui de chofer». Acapulco es una ciudad turística de México, la más visitada en cualquier época del año, la ciudad que no duerme y con una gran cantidad de turistas por año, considerada una ciudad como Las Vegas, donde todo puede pasar.

Nunca me creí esa maldita mentira, y en mi mente retumbaba esa frase de «ya te casaste, ya te fregaste». Pensaba que era para siempre y que, pasara lo que pasara, debía quedarme y aguantar. Qué costumbres e ideas de los padres de antes: si te casas bien por la Iglesia, tiene que ser para siempre, aunque el esposo te trate como lo peor. Qué estúpida idea. ¿Por qué no podemos vivir como nosotros somos y no siguiendo las reglas que la misma sociedad nos quiere imponer?

Así vivimos por un par de meses hasta que él decidió renunciar a su trabajo y emigrar a los Estados Unidos en compañía de su hermano y la esposa e hijas de este. Nos fuimos y todos llegamos a la ciudad de los vientos, Chicago, Illinois. Yo recuerdo que desde pequeña decía: «Yo nunca me voy a ir a los Estados Unidos, no estoy loca para dejar a mi familia. Y además, ese país a mí no me gusta, por eso rechacé al muchacho de New York».

Sin embargo, terminé yéndome a los Estados Unidos. Me fui con él, con mi esposo, a pesar de los ruegos de mi madre y de mi hermana cuando me decían: «No te vayas, vas a estar muy lejos de nosotros. ¿Qué vas a hacer allá? Tú no tienes necesidad».

Sin hacer caso de todo lo que me decían, me fui con él. Al fin y al cabo, él era ya mi esposo y tenía que irme adonde él me llevara, sin saber que desde ahí empezaría la peor pesadilla de mi vida. Parece que, al verme sola y lejos de toda mi familia, él tomaba valor para tratarme como lo peor y, aparte, ponerme a trabajar como loca.

Todo iba bien los primeros meses, pero empezaron los problemas porque él llevaba una infección horrible que seguramente contrajo aquella noche que no llegó a casa. Él insistía en que era una infección porque vivíamos en un lugar lleno de roedores. ¡Yo estaba en mi primer mes de embarazo y él con esa infección! Me hizo creer que era culpa de esos roedores. Ahora con la experiencia que la vida me ha dado solo me da risa, porque en ese momento solo era una niña tonta que lo creía todo. Cuando compartimos con su familia en algunas reuniones o fiestas, yo siempre estaba callada porque me decía, camino a las reuniones, «tienes prohibido decirle algo a mi familia. Tú no puedes ni siquiera contestarles mal, porque ahí mismo te dejo. Yo tuve familia antes que esposa, y a la mínima contestación mal que les hagas me voy y te dejo». Yo, siempre temerosa de que me dejara, accedía a todo lo que me decía.

De parte de él, mi regalo de cumpleaños cada año era hablar por teléfono con mi madre todo el tiempo que quisiera. Ese era mi regalo. Una vez por año hablaba con ella ¿Por qué no exigía mis derechos? A una madre nunca se le deben poner condiciones. No existe el tiempo para hablar con nuestros padres, porque ellos deben estar antes de todo y de todos, no importa que sea tu propia pareja quien te lo prohíba. Existen derechos que nos protegen a todos los seres humanos, y ese amor incondicional de los padres hacia los hijos es incomparable.

Tuve una niña hermosa. Nació un año después de haberme casado, en 1992, en la ciudad de Chicago. A los treinta días de nacer mi bebé, él ya no podía con todos los gastos. Entonces me mandó a trabajar con la excusa de que él nunca tenía suerte para encontrar trabajo, de que nadie le quería dar uno. La verdad, sin embargo, es que a ese hombre nunca le gustó trabajar y usaba a los demás para buscar la forma de vivir. Me fui a trabajar a los treinta días de haber dado a luz. Al tercer día de trabajo me dio una hemorragia por la cual paré en el hospital. Obviamente para él todo era mi culpa; decía que era porque yo no agarraba la aspiradora como debía y que eso me había provocado la hemorragia. Yo trabajaba en una compañía de limpieza y, claro, tenía que aspirar las grandes alfombras de lugares muy grandes. Ahora que veo a mi bebé recién nacido y veinticinco años después, tan frágil, me hago la misma pregunta: ¿por qué dejé que me trataran de esa manera? Todo mi matrimonio con él fue así, solo sufrimiento, llena de culpas, todo lo que pasaba era mi culpa...

IV

Recuerdo una ocasión, cuando mi hija tenía un añito, en que ella estaba jugando y por accidente vació un poco de pegamento en mi ropa. Yo solo le dije: «No lo hagas, ¡eso no está bien!». Entonces ese hombre se levantó, me tomó del brazo y le dijo a su hermana: «Te encargo a la niña, ahorita regresamos». Yo me asusté mucho y solo le preguntaba adónde me llevaba, pero él nunca respondía mis preguntas. Llegamos al departamento donde vivíamos, entramos, y desde la puerta me agarró del cabello y me aventó hacia dentro.

Ya en el departamento me gritó hasta que se cansó: «¡Aquí se hace lo que yo digo y tú no tienes derecho a decirle nada a mi hija!». Me aventaba de un lado a otro hasta que yo le dije llorando: «¡Ya déjame, por favor! ¡Si lo que quieres es matarme, hazlo de una vez!». Pensaba en esos momentos, una y otra vez, que nunca debí haberle dicho nada a él y mucho menos a mi hija, porque, total, no le iba a pasar nada a mi ropa con todo ese pegamento que me vació. Pensaba en eso mientras él se daba el lujo de maltratarme. Como siempre, la culpable era yo y solo yo. Los golpes seguían y, sin esperar más, fue a la bañera, la llenó de agua y, llevándome de los cabellos, metía mi cabeza en el agua una y otra vez. Al sacarla me ponía un cuchillo en el cuello para matarme, y yo gritando le decía que por favor no lo hiciera, pero él solo se reía de mí. Parece que el verme sufrir y pidiendo clemencia era lo que le gustaba a él. Se dice que la gente agresiva sólo encuentra satisfacción cuando puede tratar a alguien de esa manera o cuando en su casa ha vivido ese tipo de agresiones con sus padres. Yo no sé cuál era su problema, pero el caso es que a mí me estaba tocando pagar lo que vivió en su casa de niño, o los maltratos que él vivió, o el ejemplo que le dieron sus padres, de quienes aprendió muy bien a ser cruel con quien se dejara, porque era obvio que a mí me veía como una niña tonta e ignorante que desde un principio le dijo a todo SÍ.

Cuando se cansó de amenazarme y de estar metiendo mi cabeza en el agua, me llevó a la cama y me violó con toda la fuerza de un hombre horrible y sin consideración alguna… Lo hizo de una manera tan agresiva que ahí fue donde comprendí lo mal que era para una mujer ser violentada de esa manera, y se me vinieron a la mente todas esas mujeres que viven el mismo tipo de trato, y aún peor, las que solo son secuestradas con el fin de ser violadas… ¡Demonios! Lo que estaba viviendo no se lo deseaba ni a mi peor enemiga. Yo solo lloraba y lloraba. Me sentí humillada, violada, y dentro de mí totalmente destrozada. En ese momento él terminó con aquella niña que lo único que quería era ser amada, cuidada, protegida. Algo dentro de mí murió junto con aquella ilusión del príncipe azul que llega a rescatar a la princesa y que la ama para siempre. Quedé muerta por dentro, nunca pensé en vivir una situación así, y ese acontecimiento marcó mi vida para siempre. Desde ese momento solo pasaba por mi mente morirme.

Cuando él terminó de saciarse, se levantó, me aventó mi ropa a la cama y me ordenó vestirme para ir por la niña: «Aquí está tu ropa. Vístete, que tenemos que ir por la niña. Esto era lo que querías, ¿no? ¿Ya ves cómo me pones cuando me contestas? ¡No sirves para nada!». Yo no contestaba nada. Me sentía la peor mujer del mundo: sucia, apenada, y para colmo, culpable. Esa niña que vivía feliz con su mamá y sus hermanos había muerto en ese momento. Yo iba agachada detrás de él como un perro regañado con mi mirada hacia el suelo. Llegamos por la niña y todos se burlaban de mí, y con risas sarcásticas preguntaban: «¿Qué le hiciste, que viene bien domada?». Y él con un mal comentario respondía: «Le di lo que quería y ya quedó bien satisfecha». Todos se rieron después de ese comentario y yo me sentía destrozada, sin ganas de vivir, sin un refugio a donde ir. Estaba en un país sola, sin mi familia, sin amigos y sin mi madre, a quien tanto extrañaba y amaba con toda mi alma y a la que nunca me atreví a platicarle nada de los problemas que tenía, por miedo, por vergüenza, y también pensando en su salud, aunque ella cuando me veía en fotografías siempre me decía que había mucha tristeza en mi mirada. «Hija, tú no eres feliz». Yo solo me mordía la lengua para no llorar y para que ella no se diera cuenta de lo que en realidad estaba pasando conmigo, no quería que se enfermara más de lo que ya estaba.

Esa noche transcurrió así, todos jugando cartas y tomando, riéndose de todo lo que él les contaba que me había hecho. Para ellos eso era muy gracioso porque, claro, no era ninguno de ellos, pero si eso le hubiese pasado a una de sus hermanas estarían todos buscando la manera de que el agresor pagara por lo que hizo. A mí, como no tenía a nadie, no me quedaba otro remedio que agachar la cabeza y aguantarme...

Ese día, después de la burla de todos, nos quedamos unas horas más y él había bebido demasiado. Yo no sabía manejar. Cuando regresamos a casa, noté que iba conduciendo fuera de las líneas de la carretera y yo, con el miedo de que fuera a detenerlo la policía o que fuéramos a chocar, le decía que bajara la velocidad, que iba muy rápido. Olvidaba que a él no podía decirle nada, y su contestación fue: «¿Ah, sí? ¡Pues nos vamos a la chingada los dos!». Entonces empezó a manejar a una velocidad increíblemente alta y en sentido contrario; de milagro nos salvamos de morir ese día, porque en las condiciones en que iba conduciendo, borracho, en sentido contrario y a una velocidad altísima, solo un milagro nos salvó. Al día siguiente me fui a trabajar sin ninguna motivación, solo pensando en sacar adelante a mi hija, que era lo único que tenía en esos momentos, aunque se mantenía en mi mente la idea de terminar con mi vida.

Así pasaron los días, las agresiones continuaban y por cada vez que me pegaba o me maltrataba, al siguiente día llegaba con un regalo o unas flores para mí. Entonces me decía: «Mira lo que te traje, pero me tienes que pedir perdón primero por haberme hecho enojar». Yo, con tristeza, coraje, y también para no hacerlo enojar más, le decía lo que él quería escuchar: «Perdóname por lo que pasó, por haberte hecho enojar». Y enseguida me daba mi regalo.

V

Era el año 1994; mi niña tenía dos años. En mi trabajo había un hombre que no me dejaba en paz. Me molestaba con mucha frecuencia y yo obviamente siempre lo rechazaba. Un día recibimos una llamada en casa. La recuerdo muy bien porque era de ese hombre que me había dicho que me arrepentiría de no haberlo aceptado. A mí me dieron mucho miedo sus palabras y llegando a casa le dije a él, mi marido, que había alguien en el trabajo que me estaba molestando. Sin embargo, él, como siempre eran sus contestaciones, me dijo: «¿¡Ah, sí!? ¡De seguro ya andas de coqueta! ¡Eres una loca, solo eso sabes hacer!». Lo que yo esperaba de él era protección, comprensión y que fuera a enfrentar a ese hombre para defenderme y que me respetara. Pero fue todo lo contrario. Así lo dejó.

Un día llegó esa llamada. «¿Sí? ¿Quién habla?». «¿Tú eres el esposo de...?». «Sí, ¿qué desea?». «Decirle que su esposa se va a ir conmigo». «¿Y para eso interrumpe mi comida?», y colgó el teléfono. ¡Madre

35

mía! Yo me veía ya en un ataúd lista para ser enterrada. Y no estaba tan equivocada, porque solo le faltó enterrarme viva. Se levantó de la mesa y dijo: «¿¡Ah, sí!? ¿Conque ya andas de fácil? Pues de mí te vas a acordar de lo que me has hecho».

Yo me cansaba de decirle que eso no era cierto, que si no recordaba que ya le había contado de ese señor. Él no respondió y salió a la calle. Mientras tanto, llena de miedo, no encontré otra salida y fui a donde estaba toda la medicina para las enfermedades estacionarias de cada año, la cual guardamos en un closet viejo que estaba cruzando la recámara hacia la cocina, y me tomé todo lo que encontré.

Desperté dos días después. A punta de bofetadas me despertó y me dijo: «Prepara tus cosas porque regresamos a México. Te voy a regresar a tu casa, con tu mamá. Así como te fui a pedir te voy a entregar de regreso con tu mamá». El hombre estaba muy indignado, se había creído ese cuento de que me iría con un extraño. Me tomó del brazo y me llevó directo al dormitorio, me sacó una maleta y me aventó mi ropa para que empacara todo. Yo, solamente sabía ponerme a llorar y por dentro me repetía una y mil veces qué iba a hacer, qué iba a pensar mi madre de mí. Pensaba que no podía llegar así y aparte ya con una niña. Creía que no sería lo mismo, que no podría salir adelante. En pocas palabras, el mundo se me cerró y se me vino todo abajo. Lo que quería era morirme. Yo solo le preguntaba qué me había pasado, dónde estaba mi niña. Pero él me decía muy enojado: «La niña está bien. Y tú eres una estúpida. ¿Pensaste que te iba a llevar al hospital? Eso querías, ¿no? ¿Para que me metieran a la cárcel?». Sin embargo, yo en ningún momento pensé en eso. Si no lo hubiera metido en problemas cuando trató de matarme, menos lo iba a hacer por haberme tomado tantas pastillas para quitarme la vida. La verdad era que quería acabar con mi vida antes que esperar a ver todo lo que me iba a hacer.

Preparé mis maletas y, toda mareada aún por la reacción de tantas pastillas, me levanté. Él me llevaba del brazo y me decía todo lo que tenía que contar cuando llegáramos a mi trabajo y al estar enfrente de mi jefe. Él cuidaba de que no le dijera la verdad, claro. Él sabía que si yo decía algo se iría directamente a la cárcel y a mí me habrían ayudado para mi recuperación. Ahora sé que lo único malo que hice siempre fue quedarme callada y no haber dicho nada a nadie. Llegué a mi trabajo y, todavía drogada y con la cabeza siempre mirando hacia el suelo, le dije a mi jefe que renunciaría porque me iba a México por una emergencia familiar. Mi jefe se me quedó mirando mientras me preguntaba si estaba bien, si estaba segura de que esa era la razón. Ahora pienso en ese momento, y estoy convencida de que él se dio cuenta de las condiciones en que iba yo. Pero no quiso preguntar más. ¿Por qué nadie se atreve a preguntar nada cuando está viendo a alguien en esa condición? A simple vista se veía que yo no estaba bien y nadie, absolutamente nadie, me ayudó. Yo por dentro me sentía la más miserable, sola y abandonada de todas las mujeres.

VI

Llegamos a México. Mi madre y la más pequeña de mis hermanas ya me esperaban contentas de verme. Lo que no sabían era por qué estaba regresando tan pronto a México. Habían pasado solamente dos años desde mi partida de México, desde mi boda, y ya estaba de regreso. Él, con toda la autoridad, colocó una silla en el centro de la sala y me sentó allí como si se sienta a un culpable en el banquillo de los acusados. Ordenó que se quedaran todos parados y me conminó a que me sentara allí y le pidiera perdón a mi mamá por lo que, según él, yo había hecho, que le explicara por qué estábamos ahí. Yo no paraba de llorar. Me hinque ante ella y, llorando, le dije: «Mamá, perdón por haber intentado quitarme la vida, no sabía lo que hacía. Me sentía muy sola, tenía mucho miedo». Ella se arrodilló, me abrazó y me dijo: «Hija, te quiero mucho y a mí no tienes por qué explicarme nada, porque no es todo culpa tuya».

Lloramos juntas. Después de un momento, me tomó de las manos, me levantó y me abrazó. Luego, volteó a verlo a él y le gritó: «¡Eres un miserable, desgraciado! ¡Mira lo que has hecho de mi hija! Eres un cobarde y todo esto es solamente culpa tuya, ¿o crees que no sabía del trato que le dabas? A una madre no se le puede engañar. Yo sabía todo esto y no precisamente porque ella me lo haya dicho, lo podía ver en su mirada». Entonces lo corrió. Él se sintió muy ofendido y respondió, enseñándole el anillo que llevaba puesto, que ese era el símbolo del matrimonio que tenían en común, que eso era sagrado y que ella estaba faltando a eso. Mi madre, llena de coraje y resentimiento, contestaba: «Sí, yo sé lo que significa eso, pero eres tú quien ha faltado a esa promesa, a ese juramento. Ahora lo único que quiero es que te vayas lejos de mi hija, lejos de nosotros, porque parece que tú eres quien ha olvidado lo que significa ese anillo. Una promesa se respeta y eso es un verdadero matrimonio». Sin decir nada, él dio la media vuelta y se fue. Mi mamá agregó: «¡Y ni se te ocurra poner un pie en esta casa, porque ya no eres bienvenido!».

Él volvió al día siguiente. Nunca supe por qué había regresado. Cuando llegó, yo estaba ocupada lavando ropa y lo único que noté fue que mi hija gritaba «¡papi!». Yo volteé hacia donde estaba ella y vi que ya iba corriendo al encuentro de su papá. No pude detenerla. Él aprovechó y la cargó, no la soltaba a pesar de mi súplica y ella feliz de ver a su papá. Sin decir palabras, se la llevó. Yo como fiera me le fui encima para tratar de recuperar a mi hija, pero ella decía que quería irse con su papá. Ella era una inocente de solo dos años y él se había aprovechado sólo porque escuchó que ella quería irse con él. En realidad una niña de apenas dos años solo puede pensar en que su papá la llevara a pasear, pero no en que se la quería llevar con él para siempre. Mi mamá me detuvo diciendo que los dejara, que no peleara más, que había formas de recuperar a mi hija.

Al día siguiente fui a verla a donde él la tenía y, al verme llegar, corrió hacia la niña para cargarla antes de que yo me acercara, porque sabía que a ella le daría mucho gusto verme. Mi hija corrió a abrazarme, y yo alcancé a abrazarla, pero llegó él a donde estábamos nosotras y trató de arrancarla de mis brazos, y como no podía, la mamá de él, la abuelita de la niña, corrió a ayudarlo.

La señora me sujeta de los brazos mientras él me arrancaba a mi hija de mis brazos. Yo no lo podía creer: esa señora, siendo mujer y madre, accedía a ese tipo de juegos. No entendía cómo era posible que ella, siendo mujer, se prestara para eso en vez de ponerse en mi lugar aunque fuera por un momento. Pero no lo hizo y lo ayudó, porque gracias a ella él pudo arrancarme de mis brazos a mi hija de solo dos años de edad. Era increíble cómo todo el mundo estaba en mi contra en esos momentos. Yo solo reclamaba a Dios por qué se había olvidado de mí, si yo lo único que quería era tener a mi hija conmigo.

Regresé a mi casa y mi hermana notó que mis brazos estaban marcados por los jalones que aquella señora me había dado al quitarme a mi hija de mis brazos. «¡Mira cómo te dejó!», me dijo mi hermana. «Vamos en este momento a denunciar, porque lo que te han hecho no está permitido por la ley».

Ese mismo día nos fuimos a poner la denuncia. Un licenciado que andaba por allí nos miraba como desesperadas y se acercó. Nos dijo que había estado observándonos, que se notaba que estábamos desesperadas, que si había algo en lo que nos pudiera ayudar. Mi hermana le contesta que sí, que por favor necesitábamos ayuda, pues a mí me habían quitado a mi niña y no sabíamos qué hacer para recuperarla. «¿Por eso están aquí?», preguntó él, y ella respondió que sí, pero que también porque aquella señora me había inmovilizado con tanta fuerza que dejó mis brazos con moretones al quitarme a la niña entre los dos. Le enseñamos los hematomas que aún llevaba bien marcados en mis brazos. Él se sorprende y dice: «Vamos a que analicen esos moretones y hagan las pruebas necesarias para que determinen qué pasó y de ahí procedan a tomar medidas, y de esa manera los presionamos para que regresen a la niña con su mamá. No se preocupen, la van a recuperar, y yo les voy a ayudar porque han cometido una injusticia hacia tu hermana». Eso le decía el abogado a mi hermana, que era la que quería hacer algo. Yo, como siempre, no quería perjudicar a nadie y menos al papá de mi hija, pero acepté la ayuda y no dije más.

Procedió la demanda y en vez de demandar al papá demandamos a su mamá, porque eso había sugerido el abogado. Según él, así de esa manera recupera rápido a mi hija, por medio de la mamá y no de él. Yo acepté con tal de recuperar a mi hija lo más pronto posible. Accedí a las condiciones del abogado, y solo era cuestión de espera. Así pasó una semana.

Después de esa semana llega a la casa de mi mamá muy enojado y con la niña en brazos. Regresaba a dármela y cuando llegó me dijo: «Aquí está tu hija. Es lo que querías, ¿no? No tenías que demandar a mi madre, ella es inocente en todo esto». Y yo solo le decía: «Yo no hice nada. Yo fui a averiguar cómo podía recuperar a mi hija y allí me preguntaron qué me había pasado en mis brazos, por qué tenía moretones, y yo solo les dije la verdad, les dije lo que había pasado, y ellos agregaron en la demanda a tu mamá...». ¡Carajo! A pesar de todo lo que me había hecho yo seguía justificando y dando explicaciones de lo que había pasado, cuando no necesitaba hacerlo. Lo único que tenía que hacer era mandar al carajo a toda esa familia y recuperar a mi hija sin medir las consecuencias. Pero no. siempre, pensaba en los demás antes que en mí.

La demanda procedió y recuperé a mi hija. Pero ahí no terminó todo. Nos citaron a una reunión para tratar la reconciliación, y allí él insistió en que me pasaría una mensualidad. Pero entonces, como ya conocía lo estúpida que era yo, le recalcó al juez, como si yo fuera capaz de inventarme algo más para perjudicar: «Quiero que quede esto bien claro, y en el papel escrito: ella en estos momentos no está embarazada». Yo me contuve para no reírme. La verdad era que él me conocía más que nadie y sabía que yo no sería capaz de inventar algo así solo para perjudicar. Si no lo hice cuando realmente me hizo un gran daño, ¿por qué iba a hacerlo en ese momento? Mucho menos me inventaría un embarazo solo para perjudicar a él y a su familia.

Cuando la demanda procedió, tuve la opción de continuar con ella, podía haber metido a la cárcel a su mamá. Pero cuando el juez me preguntó, yo respondí que no quería hacerle daño a nadie. Retire la demanda, pues ya tenía lo que quería, que era a mi hija, y ya no quería continuar con nada. Ahí se detuvo esa demanda, se acabó.

Pasaron cuatro semanas después de todo ese asunto. Yo conseguí un trabajo y seguí mi vida con mi hija. Ella todos los días preguntaba por su papá y lloraba todas las noches porque quería verlo. A mí se me destrozaba el corazón solo de verla llorar. Después de un mes así, sola, y viendo cómo ella extrañaba a su papá, yo misma fui y lo busqué. Qué error más grande el que cometí en ese momento, qué estúpida me sentía rogándole a un hombre que casi me mataba. No podía creer hasta dónde estaba llegando, pisoteando mi orgullo y mi dignidad con tal de ver a mi hija feliz y con su papá.

Fui y lo busqué. Le dije que la niña lloraba mucho por él y que teníamos que hacer algo, pero él solo se reía con una sonrisa muy burlona y contestó: «Sí, podemos regresar, pero tengo una condición». ¡Él era quien estaba poniendo las condiciones y no yo! O sea, aparte de ser la víctima, también era la culpable de todo yo, y nadie más que yo. Por supuesto, para un hombre como él todo el mundo es culpable menos él. Sin embargo, le seguí el juego, y su condición fue esta: para poder regresar e intentarlo nuevamente tenía que pedirle perdón a su mamá por todo el escándalo de la demanda que había hecho en contra de ella. Y yo solamente le respondí que sí lo haría... Una vez más estaba haciendo algo en contra de mi voluntad y humillándose ante todos con tal de ver a mi hija feliz al lado de su papá. La verdad es que personas como él, súper narcisistas, nunca cambian, y siempre, no importa la situación, van a ser las víctimas, aunque en realidad sean los agresores.

Lo hice. Fui al siguiente día y le pedí perdón a su mamá, la abuela de mi hija. «Vengo a pedirle perdón», le dije, aunque dentro de mí me repetía esto: «¿Perdón de qué? ¿De ser tan estúpida?». A ella solo le faltó golpearme en ese momento, porque me habló tan cerca de mi cara que se podía ver la furia y el coraje que me tenía, y me respondió: «¿Perdón? ¡Tú estás loca, necesitas ayuda de un psicólogo! ¡¡Todo ese escándalo que hiciste solo por tu hija!?». A ella le parecía mucho escándalo solo por una niña, pero para mí fue toda mi vida. Cualquier madre reacciona como una fiera si le arrancan a un hijo de sus brazos, pero ella continuaba diciendo: «A mí no me tienes que pedir perdón. Tienes que pedir perdón a todos los de esta casa, a donde viniste a ofender con tus acciones». La casa era de su hija, pero toda la familia de la hija estaba presenciando lo sucedido. Entonces ella me corrió de ese lugar. En esos momentos, con toda la dignidad de una mujer ofendida, ¡me corrió! Yo estúpidamente suplicaba un perdón que en realidad tenían que pedírmelo a mí y no yo a ellos, menos a esa señora, que hasta había ayudado para que me quitaran a mi niña de mis brazos. Yo solo bajé la mirada al suelo, di la media vuelta y me fui, como una chiquilla regañada por haber faltado a la escuela… Mi madre nunca supo de esto que hice, ella nunca lo habría aprobado, y para ahorrarme otra regañada mejor me callé.

VII

Al siguiente día él me fue a buscar para empezar a planificar vivir juntos nuevamente. En una vecindad consiguió rentar un cuartucho todo apestoso y feo, donde vivimos solo un par de meses porque él ya había decidido regresar a Estados Unidos. ¡Aquí vamos de nuevo! Logramos pasar a este país donde yo odiaba vivir, y nuevamente dejé a mi familia para tener la mía. Puse toda mi fe y todas mis esperanzas en este nuevo caminar, sin pensar en nada de lo que habíamos pasado anteriormente. Llegamos a Oregón, este estado donde la mayor parte del tiempo es lluvia, lluvia y más lluvia, aunque muy bonito y agradable para vivir.

Llegamos a vivir con mi hermana, y desde que llegamos eran celos de todo el mundo. Me celaba hasta del vecino si volteaba a verme. Siempre decía que era yo la que estaba de coqueta y que seguramente ya me había acostado con medio mundo. Entonces decidí dejarme engordar, subí de peso como loca, para que nadie, absolutamente nadie, se fijara en mí.

Empecé a concentrarme en buscar trabajo. Todos decían que la única manera de trabajar en este estado de Oregón era en el campo, donde todos llegaban a trabajar. Yo no estuve de acuerdo y empecé a buscar en diferentes lugares, en alguno de los cuales tendrían que llamarme. Recuerdo que en ese tiempo no existía todavía la era digital, y la única manera de buscar información sobre puestos de trabajo era por medio de las páginas amarillas, una sección que el directorio tenía especialmente para buscar servicios al público. Así lo hice y encontré varios lugares. Uno de ellos fue el que nos dio trabajo. Desde entonces estuvimos trabajando juntos como durante diez años, y solo así él era feliz, porque me veía las veinticuatro horas del día y podía ver cómo me comportaba y a dónde iba. No sé cómo aguantó tanto tiempo vivir de esa manera.

Durante todos esos años las agresiones siguieron igual. Quiso aparentar por un tiempo, y delante de mis hermanos me trataba bien, pero cuando estábamos a solas él era muy grosero conmigo. El cuento de siempre.

Con el paso del tiempo se dio cuenta de que yo ni siquiera a mis hermanos les contaba nada de lo que pasaba entre nosotros. Él aprovechaba eso para seguir tratándome de la misma manera que lo hacía desde que nos habíamos casado. Ya teníamos doce años de casados y nada había cambiado, a pesar de sus promesas. Yo no comentaba nada a mi familia, no porque tuviera miedo, sino por la vergüenza de que supieran que yo no era feliz y que ese matrimonio no era lo que aparentaba. No quería que me vieran fracasada y no quería causarle lástima a nadie.

Se terminó el trabajo porque la compañía iba a cerrar sus puertas, tras lo cual tuvimos que buscar en otros lugares algo parecido. La razón de irnos, sin embargo, era que ya teníamos la experiencia y así era más fácil encontrar un empleo parecido a lo que hacíamos. Encontré un trabajo pero solo tenían para una persona y me eligieron a mí. Recuerdo que fue un lunes el único día que trabajé para esa compañía, porque al día siguiente hablaron de otra que estaba a media hora del lugar donde vivíamos. Era una ciudad llamada Salem, y ahí sí había lugar para los dos. Por supuesto, el señor me quería junto a él. Yo no podía trabajar donde él no me pudiera ver porque se generaban pleitos que nunca terminaban. ¡Qué fastidioso era! Otra vez los dos juntos. Lo que él quería en realidad era ver qué hacía, las veinticuatro horas del día. Según él, en mí se fijaban porque yo era una loca y coqueta. Eso siempre me lo repetía cada vez que tenía oportunidad en todos esos años que duró mi matrimonio con él. Nunca lo engañé, y es algo que él nunca entendió ni quiso creer.

Pasó el tiempo y las discusiones en casa seguían, obviamente sin que la niña se enterara. Ella ya tenía doce años y todo sucedía entre cuatro paredes. Él esperaba que llegara la noche para reclamarme hasta el saludo de alguien, siempre preguntando por qué me dieron la mano, por qué me miraron de esa manera; me reclamaba que yo, estaba de coqueta. ¡Dios! Yo ya no aguantaba más, quería correr hasta no saber nada más de él, pero siempre pensaba en mi hija. La amaba demasiado y no quería que creciera lejos de su papá.

Un día, en medio de una discusión, él me corrió de la casa y me dijo que ya no me aguantaba más, que ya no era feliz. Yo pienso que él hablaba por sí mismo, porque era tanta la impotencia que sentía que él mismo se desesperaba con tantos sentimientos encontrados y con esos pensamientos sin fundamento que inundaban su mente y su corazón. ¡Pobre! Me imagino el infierno que vivía por dentro, toda esa incertidumbre y las dudas que lo mataban.

Otra vez se terminó el trabajo, y vamos para afuera nuevamente a buscar en otro lado. La verdad es que ese hombre siempre tenía problemas en donde trabaja, y ahí no fue la excepción. Lo hicieron enojar, y a mí me obligó a renunciar aun sabiendo que conmigo no había sido el problema. Me tomó del brazo hacia la oficina y me obligó a decirle al dueño que iba a renunciar. Yo obedecí y lo hice, renuncié aun en contra de mi voluntad.

Conseguí trabajo casi al siguiente día, en la misma compañía en donde hacía diez años atrás había trabajado por un solo día. Qué vergüenza me daba regresar a ese lugar, con toda esa gente sabiendo lo que yo había hecho antes, trabajar solo por un día. Él estaba muy enojado porque esta vez no tenían lugar para otra persona y le dijeron que para él no había nada. Anduvo buscando pero nadie quería darle trabajo. Por esa razón decidí buscar otro empleo, uno era tiempo completo y el otro era solo parte del tiempo. Así pudimos comprar una casa donde podíamos vivir bien, pero al mismo tiempo eso fue más responsabilidades para mí. Obviamente los problemas siguieron y yo llegué al punto en que en realidad para dormir solo tenía un par de horas, y así no se puede vivir por mucho tiempo, y menos una mujer para quien, aparte de trabajar, están el hogar y los hijos. Este modo de vida lo aguante por seis meses, y cuando iba por el cuarto mes, en vez de comer a la hora de mi *lunch* me ponía a llorar en el teléfono pidiéndole que siguiera buscando, porque yo ya no aguantaba más sentir que me estaba muriendo sin poder descansar bien ni dormir. Él solo me decía: «¡Aguanta, aguanta! Acuérdate de que, para que la niña pueda tener una mejor vida, tenemos que hacer sacrificios». ¡Dios! ¿Dónde estaba mi cabeza que no me quería dar cuenta de lo aprovechado que era? Él, descansando, descansando, durmiendo más de ocho horas, y aparte se molestaba cuando lo llamaba para decirle que ya no podía más. Solo me decía que lo dejara dormir y se quejaba de que lo despertaba para decirle eso. Nunca escuché una palabra amable, un agradecimiento o un te quiero ayudar con algo. Nunca recibí una sola palabra de aliento; al contrario, solo me decía que aguantara, que lo hiciera por la niña. Siempre usando a la niña.

Yo seguí trabajando de esa manera. Lograron convencerme él y su familia de comprar una casa en México, pero él, muy descaradamente, había aceptado antes sin darle yo mi consentimiento, y aparte usando el cheque de uno de mis trabajos para mandarlo y poder pagar esa propiedad, una propiedad de la que nunca fui yo la dueña pero que fue comprada con mi dinero; toda la propiedad fue puesta a nombre de su mamá y de él. ¡Dios santo! ¿Cómo pude estar tan ciega? Todos en mi familia veían eso y yo nunca lo quise aceptar, y mucho menos que me dijeran nada. ¿Cómo pude ser tan tonta y vivir la mitad de mi vida con alguien así?

Seguí de esa manera como por un año. En la hora de mi comida ponía mi alarma y me acostaba a dormir en mi carro para poder seguir aguantando. La construcción de la casa adquirida en México se detuvo, pero seguimos mandando dinero supuestamente en una cuenta de ahorros para tener dinero cuando fuéramos de vacaciones. ¡Esa fue otra sorpresita que me tenían bien guardada! Un día, cuando se celebraba el día de las madres, yo, muy ingenua, le digo: «Háblale a tu mamá y dile que agarre la mitad de lo que hay en el banco, y la otra mitad que se la lleve a mi mamá». Le exigí que enfrente de mí la llamara.

Cuando la señora contesta, él le dice: «Mami, dice tu nuera que tomes la mitad del dinero que tenemos en el banco para ti y que la otra mitad se la lleves a la mamá de ella». Después de una pausa, se medio carcajeó y solo respondía «¡no!», y yo pude escuchar cómo a la señora, hablando por teléfono, solo le daba risa. En cuanto él colgó, yo le insistí mucho en que me dijera qué estaba pasando, por qué solo le decía no, y le pregunté por qué ella se reía tanto y si le iba a llevar el dinero a mi mamá. Él solo callaba, pero al ver mi insistencia no tuvo otro remedio que contarme la verdad. Me dijo: «Mi mamá tomó el dinero porque mi hermana lo necesitaba y ya no tenemos nada en el banco». «¿Qué pasó? —le respondía yo—, ¿por qué no me dijiste? ¡Es mi dinero! Tenía derecho a saber, o al menos que se me avisara. ¿Con qué derecho autorizas algo así sin consultarlo?».

Enseguida me salí al patio y solté el llanto. Tenía un sinfín de emociones encontradas. Me sentí traicionada, me sentía nada, totalmente aplastada, sin opinión.

Después entré a la casa y le reclamé: «¿Entonces dónde están mis esfuerzos de tener hasta dos trabajos? No es justo. Mira cuánto he trabajado para poder tener algo, y tú y tu mamá solo se aprovecharon de mí, y aparte a mi mamá no le tocó nada cuando era ella a quien le correspondía tener mi dinero». Él me dio una explicación tan estúpida, una que en esa ocasión no le creí porque ya lo conocía muy bien y sabía las artimañas que usaba cuando quería mentir. Me dijo lo siguiente: «Mi hermana necesitaba ese dinero de emergencia y no quisimos decirte para que nadie se enterara del problema, porque diciéndote a ti se iba a enterar toda tu familia y quién sabe cuántas personas más». Yo me agarré la cabeza y la moví de lado a lado, y le dije: «No puedo creer lo que me estás diciendo. ¡Soy tu esposa! ¡El dinero era mío! ¿Y la confianza que según tú me tienes dónde está? ¿Y el amor que dices tenerme? ¡No cabe duda de que sigues igual! ¡Tu mamá y tus hermanos están primero que tu propia familia!». Entonces me fui a mi cuarto totalmente decepcionada de ver que él no había cambiado, y ahora con un peso más sobre mi espalda: la casa que habíamos comprado. En ese momento más que nunca me sentí acorralada, amarrada a esa casa, a esa familia donde yo ya no quería estar, donde ya me sentía desesperada. Ya no soportaba estar con ese hombre un minuto más.

Dicen que, cuando ya no puedes con algo, siempre hay alguien arriba que va a estar en todo momento contigo y que te ayudará si tú lo has intentado todo y nada funciona. Eso fue lo que hice, recurrir a ese ser maravilloso. Él era mi última esperanza.

VIII

Un día fuimos a misa, a la iglesia de una ciudad que estaba a treinta minutos de distancia de donde vivíamos. Cada domingo era ir a la iglesia, y ese día, después de haberme enterado de que todo mi esfuerzo y mi trabajo me había sido robado, y nada menos que por mi propia familia, yo iba muy decepcionada de todo y no encontraba la forma de gritarle, desesperada, que se fuera de mi vida, que ya no quería ese matrimonio.

Recuerdo que entramos y ya no había lugar. Solamente en la parte de atrás había un par de espacios y ahí fue donde nos sentamos. Ese día yo no puse nada de atención a la misa. El padre hablaba, daba su sermón, y yo andaba en las nubes pensando en cómo haría para salir de esa situación. Empecé a llorar sin consuelo y por dentro gritaba desesperadamente: «¡Ya no puedo más! ¡Ayúdame! Siento que me estoy muriendo por dentro, ya no soporto esta situación. Siempre es una cosa y otra y otra. ¿Qué más me espera? Todo son mentiras, maltratos, y tú no haces nada. Todos dicen que tú eres nuestro padre y un padre no deja que traten así a un hijo. ¿Dónde estás? ¿Por qué no me escuchas?». Surgieron miles de preguntas que ni yo misma sabía de dónde me salían. Era la desesperación que en ese momento sentía. Pero quería una respuesta, y nada ni nadie me la daba.

Los primeros meses en mi nuevo trabajo estuve muy tranquila. Todo mi mundo era mi trabajo y, por supuesto, mi casa con mi hija, pero cada vez era más insoportable esa situación. Mi hija, gracias a Dios, cumplía finalmente sus quince años e íbamos a celebrárselos, pero antes de esa fiesta el señor y yo platicamos y peleamos nuevamente porque yo ya no soportaba tener relaciones sexuales con él. Eso le ofendía mucho y muy digno me decía: «Apenas pase la fiesta de nuestra hija te vas, porque yo ya me cansé de ti». Yo solo me sonreía y le decía: «No me lo tienes que decir. Yo me voy, y con la frente muy en alto, porque nada te debo. Al contrario, tú y tu familia me robaron, porque eso que me hicieron se llama robar».

Por fin había llegado la fecha de la celebración de los quince años de mi hija. Todo estaba listo. Llegaron todos los invitados de lejos, su familia y mi familia también. La fiesta estuvo preciosa. Fue una recepción familiar con pocos invitados y en un lugar muy exclusivo. Lo más importante fue que mi hija la disfrutó hasta el final y estaba muy contenta. Su papá y yo, en cambio, pasábamos un trago amargo porque sabíamos que, en cuanto se fueran todos y la fiesta pasara, nos íbamos a separar.

Al siguiente día de la fiesta, era hora de la comida y estábamos todos reunidos a la mesa. Salí de mi cuarto recién bañada y lista para ir a atender a nuestros invitados que habían llegado de lejos, cuando inmediatamente sentí la mirada del esposo de la hermana, que me comía con la mirada, y a mí eso me incomodaba mucho porque, siendo de la familia, se atrevía a verme como si quisiera lanzarse a decirme o hacerme algo. Nosotras las mujeres sentimos cuando alguien nos mira de esa manera, y nos incomodamos y ya no estamos a gusto cuando descubrimos esas miradas fuertes.

Todos estaban listos en la mesa y solo faltaba yo. Él empezó diciéndole a la familia que queríamos avisarles algo, que queríamos que supieran lo que habíamos decidido. Yo por dentro pensaba que no cabía duda de que era un patán. Me quiso ridiculizar enfrente de toda su familia, quiso que pareciera todo como si él fuera el sufrido e inocente en esta situación. ¡Qué hombre tan hipócrita! Continuó diciendo: «Queremos decirles que nos vamos a separar». Todos, al unísono, exclamaron su sorpresa. «¿Cómo creen?», «¿pero por qué?», «¿ya lo pensaron bien?», «¿y la niña? ¿Qué va a pasar con ella?», «¡piénsenlo mejor!», «¡es una locura!».

La casa en ese momento parecía un gallinero, todos hablaban sin parar al mismo tiempo. Cuando por fin se callaron para dejarnos hablar, yo solo les dije que era cierto, que él me había dicho que no me aguantaba y que después de la fiesta me tenía que ir. «Así que ya saben, para que después no digan que no se les avisó», proseguí. Enseguida me interrumpe él y dice: «Es verdad, ya no la aguanto y ya no quiero seguir viviendo así, y menos con ella». Yo solo voltee a verlo y en mi mente agradecí a Dios que ya me iba.

En eso empieza el hermano a decir: «¿Cómo creen que van a hacer eso? La niña aún los necesita. ¡Piénsenlo bien!». Todos trataron de convencernos, pero la decisión ya estaba tomada, o al menos eso quería él aparentar, aunque lo que en realidad pensaba era que yo le iba a rogar y que nunca me iba a atrever a irme, porque siempre tuve la oportunidad y nunca lo hice.

Cuando al fin se fueron todos, él empezó a gritarme que era una mujer muy tonta porque me había atrevido a decirles eso a todos, que nos dejaríamos, y empezó otra discusión, como siempre. Sus palabras ya no me atendían y la estrategia que había usado ya me la sabía: me echaba a mí la culpa de esa decisión.

Después de eso, llamé a una amiga que ayudaba en las labores de la iglesia de la ciudad, cerca de donde vivíamos, para ofrecerme como voluntaria. Lo hice con la finalidad de no verlo todos los días en la casa, porque siempre era lo mismo: me gritaba, me ofendía y me faltaba al respeto. Mi amiga aceptó mi ayuda y por tres días a la semana no estaba en casa, hasta que era la hora de irnos a acostar. Yo me sentía liberada por fin, pensaba que había encontrado la solución.

Lo que no imaginaba era que hasta en ese lugar, hasta en la iglesia, él aparecería también con el pretexto de ayudar, con tal de estar vigilando y estar cerca de mí para saber qué hacía. Eso me enojó demasiado, porque enfrente de la gente me trataba muy bien, siempre decían que qué buen esposo tenía, que me trataba muy bien, que querían uno así. Lo que no sabían era que él solo era así conmigo en la calle, pero que al llegar a la casa se convertía en el demonio, empezaba siempre con sus reclamos, porque hasta el saludo que me daba algún hombre ya se debía a que le coqueteaba, y así empezaban las discusiones hasta llegar siempre a los empujones y los golpes. Seguí un tiempo en la iglesia pensando en una oportunidad más, hasta que me di cuenta de que eso tampoco funcionaba, y dejé de ayudar.

Un día me invitaron a un retiro espiritual en el que podíamos hablar de todo lo que nos ha pasado y después del cual, según explicaron, nadie diría nada de lo que escucharan ahí. Yo acepté por curiosidad. La verdad nunca había asistido a ninguno y no sabía lo que hacían o por qué regresaban algunas mujeres muy diferentes. Todo eso me daba curiosidad, así que acepté y asistí al retiro.

El retiro se hizo en unas cabañas lejos de la ciudad, donde solo estábamos rodeadas de naturaleza por todos lados. A donde volteara solo veía árboles y más árboles. Nunca había disfrutado de la naturaleza como en esa ocasión. Disfruté mucho el retiro espiritual, pero sobre todo porque estuve tres días sola sin pelear, sin estar viéndolo a él. Cuando llegó el segundo día, en ese retiro hicieron una práctica como meditación muy profunda en la cual se les daba oportunidad a todos los asistentes de hablar, de sacar todo lo que llevan dentro y que no los dejaba ser felices. Entramos en un trance en el que hubo mujeres que hasta se desmayaron. Yo no llegué a ese punto, pero algo muy dentro de mí me decía que hablara, que esa era mi oportunidad de sacar todo ese dolor que llevaba en mi corazón y que no me dejaba ser feliz. Lo hice, y empecé a relatar aquella ocasión en que fui violada por mi propio esposo, y todo con lujo de detalles. Lloré hasta que me cansé, hasta que ya no había lágrimas en mis ojos. Esa noche muchas mujeres, al escuchar mi testimonio, decidieron también hablar y terminamos todas llorando y sacando todo ese dolor que tratamos muy dentro de nuestros corazones. Fue una noche hermosa y me sentí liberada, dispuesta a luchar por mi matrimonio, dispuesta a darle otra oportunidad, a él y a mí para tener una mejor vida con él.

Llegué a mi casa muy renovada y dispuesta a todo; me había servido mucho haber ido a ese retiro. Así pasó una semana. Pero a la siguiente empieza todo nuevamente. «¡¡Cómo se te ocurrió decir todo eso!? ¡Son problemas nuestros!», me reclamó. La verdad es que él pensó que nunca me iba a decidir a decir nada de todo lo que me había hecho durante esos quince años de matrimonio, y se molestó demasiado. «¿Ahora qué voy a hacer?

—decía—. ¿Qué le voy a decir al padre? Todo fue invento tuyo. Eso es lo que voy a decir». «¿Pero por qué mentir si todo es cierto? ¡Es la verdad! —le contesté—. Todo eso me hiciste y más. Pero ahí solamente dije un poco de todo lo que me has hecho. ¿Por qué tienes que decir que todo me lo inventé? Acepta tu culpa, acepta que es cierto. ¿Vas a seguir con tus mentiras?», seguía diciéndole.

Él solo callaba porque sabía que al sacerdote de la iglesia no podía mentirle, sabía que todo lo que platicábamos con el sacerdote era cierto. Lo que yo no entendía era por qué las mujeres que asistieron al retiro tuvieron que decir algo. ¿No se suponía que nada de lo que escuchaban ahí salía de esas cuatro paredes, que solamente hablaba uno para ayudarse? Según ellos, según esa congregación, todas las asistentes tenían prohibido hablar de lo que escucharan ahí. Pero no fue así. Todos empezaron a hablar de lo que yo había contado en ese retiro, y todo había llegado a oídos de él. Para mí fue peor, porque las represalias por haber hablado recrudecieron. Eso es algo que las personas chismosas no pensaron y fueron más problemas para mí.

Al escuchar todos esos chismes, al sacerdote no le quedó más remedio que llamarnos a una junta donde solo estaríamos los tres. Para entonces nosotros ya habíamos hablado de la separación, porque yo ya no estaba dispuesta a soportar más golpes y eso él lo tenía ya muy claro. Lo que nunca entendí fue por qué él mismo, al decirle que ya no me iba a dejar más, me dijo que entonces nos separaremos.

Llegó el día de la junta con el sacerdote, y en ella empezó él diciéndole que nos separaríamos. El sacerdote, muy enojado, cuestiona la decisión: «¿Por qué? ¿Qué ejemplo va a ser para toda la comunidad? No, piénsenlo bien. ¿Qué va a decir toda esa gente que nos sigue?».

Yo no lo podía creer: ¡al sacerdote sólo le interesaba el qué dirán y el ejemplo que le íbamos a dar a toda esa gente seguidora de ellos! Por mi mente solo pasaban esas cosas, esos pensamientos. Nunca le dije nada al sacerdote, pero yo esperaba más apoyo de su parte, esperaba algunas palabras de consuelo, algo que me ayudara a sentirme apoyada. Sin embargo, con esa reacción solo comprobé que a él solo le interesaba qué diría la gente con respecto a esa separación; sólo se preocupaba por que se iban a alejar de ese grupo, de esa iglesia. Era lo único que le importaba. Nuevamente yo, sola, enfrentando todo y a todos, y en esta ocasión también a toda una comunidad que me iba a señalar de lo peor.

Después de esa junta regresamos a casa. Yo, confundida, no podía entender por qué el padre había reaccionado de esa manera. No lo podía creer. Y él, todo el camino regañándome por haber abierto mi boca en aquel retiro. «¡Solo a ti se te ocurre contar esas cosas y en medio de tanta gente! ¡Ahora todos están hablando de mí, de nosotros!», me decía.

Al principio me sentí mal por él, pero después de un momento me cuestioné por qué me tenía que sentir así. Él nunca pensó en mí cuando era tan agresivo, cuando me atacaba física y moralmente tan feo, hasta llegar a hacerme sentir tan miserable. ¿Por qué entonces iba yo a sentirme así? Desde ese momento empezó a surgir una fuerza en mí que ni yo misma puedo explicar. Estaba decidida a enfrentar lo que viniera y era muy obvio que yo sí quería una separación, un divorcio. Definitivamente no quería volver a estar con una persona así en mi vida, tan narcisista, de esos que solo se quieren a sí mismos sin pensar en el daño que hacen a los demás.

En una ocasión, regresando de la iglesia, mandó nuevamente a la niña a su cuarto. A mí me da tirones de mis brazos, como era su costumbre, y me lleva al cuarto de nosotros. Ahí me quiso hacer lo mismo que había hecho muchos años atrás. Me aventó a la cama y muy salvajemente puso sus rodillas sobre mis brazos. ¿A quién se le ocurre hacerle eso a una mujer? Como si yo fuera a pelear con él. ¡El tonto no veía que yo era una mujer y que esa violencia solo servía para odiarlo más! Me lastimó tanto mis brazos que mi mente me hizo recordar aquel momento en que me iba a matar, y de repente, cuando ya estaba listo para golpearme, yo lo detuve solo con palabras, porque obviamente con fuerza nunca le iba a ganar. Él era un hombre muy fuerte, con mucha más corpulencia que yo. Al momento en que su mano ya iba sobre mí, solo le dije «no más», y sonrió muy sarcástico. Yo proseguí: «Ni un golpe más. En cuanto me toques, yo ya no voy a tener compasión por ti y le hablaré a la policía para que te lleven a la cárcel. Ya me cansé de tus maltratos. Se acabó. ¡Atrévete a tocarme y ahora sí ya no lo voy a pensar más y te vas a la cárcel!». Él, muy sorprendido y con una cara de asombro, me soltó las manos y se bajó de la cama como ido de la mente porque no podía creer que me había atrevido a contestarle o a amenazar de esa manera. Y solo farfullaba: «¿Entonces es en serio todo lo que dices? ¿Qué quieres de una separación?». El estúpido todavía preguntaba como si hubiera sido la persona más virtuosa del mundo durante todos esos años de matrimonio. Se sentía Dios, se sentía perfecto, y también se sentía la víctima. Y su familia todavía decía que yo no lo merecía, que era muy bueno para mí. ¡Qué coraje tenía conmigo misma por no haber tomado esa decisión muchos años atrás, cuando era mejor el momento para mi hija y hacerle menos daño!

En verdad pensé que ese hombre algún día cambiaría y que íbamos a ser el matrimonio perfecto. La verdad, no obstante, es que no hay matrimonio perfecto, todos tenemos problemas. Pero lo que sí debemos hacer nosotras las mujeres es querernos un poco más y salir de ese tipo de relaciones. No importa que seamos solo dos o tres, la sociedad no tiene derecho de criticarnos o de juzgarnos. Todos en algún momento tenemos problemas así, e incluso hay mujeres que no viven para contarlo, porque terminan en un panteón olvidado y después de haber vivido una vida llena de maltratos y violencia.

IX

Al siguiente día de que me surgiera la valentía para enfrentarlo, platiqué con una amiga del trabajo. La recuerdo bien. Su nombre era María, una mujer de unos treinta años. Vivía sola en un departamento y siempre necesitaba dinero. Constantemente se quejaba de todo, pero era muy discreta y nunca contaba su vida privada a nadie. Eso me gustaba de ella. En realidad muy pocas personas así te puedes encontrar en este mundo. Poco a poco se fue ganando mi confianza y ese día me ofreció una habitación al verme desesperada porque no tenía a dónde ir. En mi casa no me podía quedar. Él me había amenazado y, si me quedaba, iba a ser peor, porque él decía que nunca se iba a ir de esa casa y que, si me sentía muy «chingona», tenía que conseguir a dónde irme.

En realidad, al pasar el tiempo me di cuenta de que la verdadera razón de que no quisiera irse de mi casa, de que me echara a mí de ella, era que podía tener una excusa para acusarme de algo y tener pruebas de que yo los había abandonado, cuando la verdad no fue así.

Él habló de mí hasta que se cansó y lo que él quería era eso, que todos lo vieran como la víctima, como el abandonado, una táctica muy inteligente de su parte. Todo lo tenía bien planeado. Yo era la víctima, pero buscó que los demás me vieran como el monstruo que abandonó a su familia y que se fue de su casa sin importarle nada ni nadie.

Qué triste fue para mí darme cuenta de todo eso, pero mi tranquilidad me importaba más que nada y que nadie. No me importó perderlo todo. Yo solo quería vivir una vida normal, una vida buena, sin maltratos, aunque para eso tuve que renunciar a todo lo que había hecho durante años y por lo que había trabajado tanto tiempo. Lo perdí absolutamente todo.

Con María viví solo seis meses. Mi hija necesitaba su propio cuarto y nos fuimos a rentar un departamento con dos dormitorios. La única razón por la cual me fui del departamento de María fue esa: mi hija necesitaba su propio espacio, su privacidad.

X

Empezamos un nuevo camino, solas, y en un lugar totalmente desconocido para nosotras. Era una ciudad nueva, con gente que no conocíamos. Debía inscribir a mi hija en la escuela y todo se me complicaba. Teníamos que dormir en un colchón que logré llevarme y que no tenía base, totalmente en el suelo. También me llevé solo un par de cobijas y nuestras cosas personales. Fue lo que nos pudimos llevar porque hasta ese día, cuando me fui de la casa, él vigiló todo lo que podíamos traernos. Pensó que, al limitarme de algunas cosas, me iba a detener, pero la verdad era que yo ya estaba decidida a hacerlo y no me importaba nada de lo material ni lo que él me dijera. La decisión ya estaba tomada y lo hice: iba rumbo a mi nueva vida.

Sabía que iba a ser difícil, pero muchas veces, en la soledad de mi cuarto, pensaba que muchas mujeres han salido adelante con más de un hijo y que yo, con tan solo una, tenía que poder lograrlo también. En ese momento yo ganaba el mínimo y no contaba con el apoyo de nadie, ni de mi propia familia. Estaba sola, con mi única razón de vivir, mi hija, que era, es y seguirá siendo el más grande amor de mi vida.

En las tardes, cuando estábamos ya en la casa, comíamos en el suelo. No teníamos una mesa, o sillones, ¡nada! Vivíamos en un lugar vacío porque lo que yo ganaba era solo para solventar los gastos de utilidades y no nos quedaba ni para comer. Yo me daba cuenta de cómo ella sufría por toda esa situación, pero no podía ofrecerle más ni sabía cómo hacerlo. Me pidió su privacidad y empezamos a buscar un departamento para nosotras dos solamente. Fue peor, pero yo no perdía la esperanza de que algo tenía que pasar para poder seguir adelante.

Hasta ese punto de mi vida nadie me había ofrecido ayuda de ningún tipo. Parecía que el universo, Dios y todo estaba en mi contra. Me sentía olvidada por todo y por todos, y con una hija que sacar adelante, con gastos de adolescente, que es cuando más necesitan, y yo sin poder darle nada. Me sentía desesperada, y por más que buscaba ayuda o al menos alguien que me dijera qué podía hacer, no conseguía nada, nada. Todo parecía muy complicado, pero ya estaba ahí y no quería regresar otra vez a vivir la misma situación que por quince años había vivido. Estaba pasándola mal, pero estaba feliz porque nadie me tenía que decir qué hacer, a dónde ir, cómo vestirme, reírme, comportarme. Realmente era un sentimiento increíble de libertad que nunca había experimentado, y se sentía muy bien. Lo demás yo sabía que en algún momento iba a pasar y que tarde o temprano mi vida económica se iba a establecer. Por lo pronto, era solo cuestión de esperar.

Conocí a mi actual esposo, que en ese tiempo solo era un compañero más de trabajo. Empezamos a platicar de nosotros. Él, al parecer, llevaba una vida parecida a la mía, pero lo increíble era que con él era su mujer quien lo hacía sufrir. Nunca me platicaba nada en concreto porque es una persona muy discreta, pero por la forma en que hablaba, y por esa tristeza que sus ojos reflejaban, lo decía todo.

Mi hija empezó a tener amigos en su nueva escuela y, conociendo nuevos amigos, comenzó a salir con un muchacho con el cual yo no estaba de acuerdo al cien por ciento. Ahí iniciaba mi tormento, porque a esa edad, aunque los padres no estén de acuerdo, ellos, con sus berrinches, se aferran a alguien sin fijarse en qué tipo de persona es. Empezamos a discutir y eso a ella no le gustó, a tal punto que se fue de mi lado… ¡Regresó con su papá! Y yo me lamentaba, porque me sentía culpable de todo por haberme separado. Sentía que yo era quien había llevado a mi hija a tener ese tipo de vida.

Los problemas apenas empezaban, porque al irse, y por complacerla en todo, el papá la dejaba hacer lo que ella quisiera, aunque eso la llevara por el peor camino. Yo no podía decirle nada porque su papá no me permitía ni acercarme a ella, y esperé un par de meses hasta que decidí rentar un lugar cerca de ella para poder verla y ayudarla. Le pedí que nos viéramos para platicar y poder llegar a un acuerdo, y cuando nos vimos le comenté que me iba a vivir cerca de ella para que pudiéramos compartir. Su reacción, sin embargo, fue totalmente negativa. Me contestó de una manera que jamás he olvidado: «Yo nunca voy a regresar contigo, me quedo con mi papá. Y mejor ni te vengas cerca de nosotros porque te vamos a hacer la vida imposible».

Los jóvenes a esa edad no saben lo que dicen, por eso no es bueno tomarse tan personal sus palabras. Pero en ese momento no sabía qué hacer con esa respuesta. Me fui a mi casa y me encerré por dos días hasta que alguien tocó a mi puerta. Era mi actual esposo, mi amigo en ese tiempo. Quería saber qué estaba pasando conmigo, por qué estaba faltando a trabajar sin ninguna llamada. Él sabía dónde vivía, porque en una plática yo le había comentado que no me quedaba dinero ni para comer y un día llegó con una despensa completa y nos llevó mucha comida a mi hija y a mí.

Ese día que fue a averiguar por qué yo había faltado tanto a mi trabajo, le empecé a explicar por qué me sentía tan mal, y en cuanto terminé de decirle la razón me contestó: «No, usted no puede regresar allá, porque no es solamente el papá de la niña, es ella también, y ya van a ser dos contra uno. Y si ella le dijo eso, le va a dar más fuerzas a él para maltratarla peor, más de lo que ya lo hacía, y no voy a dejar que la sigan tratando así

de esa manera. Por supuesto que no lo voy a permitir».
Eso para mí fue la esperanza de mi vida. Por fin alguien
me estaba ofreciendo ayuda, o al menos el apoyo para
no seguir cometiendo tonterías, como ir y pedir perdón
cuando yo era la víctima. Me sentí apoyada por una
persona que apenas había conocido y eso hacía que sin-
tiera menos pesada mi carga y mi tristeza de ver que mi
hija estaba en un lugar donde no le iba a ir muy bien.

Ahí empezamos una vida de amigos. Me ofreció que
me mudara a su departamento, donde él no vivía todavía pero que mantenía porque era muy difícil conseguir
uno así, y por las condiciones en que estaba ese lugar, él
tenía que arreglar y terminar algunas cosas antes de mu-
darse a ese departamento; mientras tanto, yo podía vivir
allí. Yo acepté. Lo veía todos los días en el trabajo, y
también llegaba de repente al departamento con comida
para comer juntos. Conversábamos de todo hasta altas
horas de la noche. De esa manera se fue dando una relación que llamábamos «de amigos», aunque realmente
yo nunca creía en eso, era de las personas que critica-
ban mucho ese tipo de relaciones. Pero me enamoré y
me arriesgué a vivir una relación así. Nunca planeamos
vivir de esa manera, se fueron dando las cosas por las
circunstancias en que él y yo estábamos. Yo estaba muy
agradecida con él por haber sido mi esperanza en momentos de desesperación.

Así transcurrieron dos años, después de los cuales
decidimos casarnos. Mi esposo me enseñó a perdonar,

a olvidar, y sobre todo a esperar y dejar que las cosas fluyeran, a esperar la mejor respuesta. Me enseñó que el tiempo es el mejor consejero y que, si se lo dejamos todo a él, solo vienen las respuestas a todas nuestras preguntas. La vida se encarga de darnos a cada uno lo que merecemos y ponernos en el camino que debemos caminar. Hay que creer en lo justo que es el universo, Dios, o como queramos llamarlo, y nos regresará. A veces, con más y mejores bendiciones.

Descubrí que, cuando te aferras a algo o a alguien, nada funciona, todo se limita y te limita como ser humano, fallas y no puedes dar más de lo que ya has dado. No puedes sacar fuerzas porque no hay de dónde, y cuando más estás preocupado por arreglar algunas situaciones difíciles en tu vida, no te concentras en ti mismo y no dejas fluir las bendiciones que hay para ti, aquellas que el universo te manda.

En las religiones llaman pruebas a todo lo que tienes que pasar. Según ellas, las pruebas permiten hacerte más fuerte, y tienes que aguantar, quedarte donde estás y seguir.

Yo tuve la suerte de salir de esa situación, porque algunas mujeres se quedan por seguir lo que dice la sociedad o su religión, viviendo una vida miserable por el resto de sus días, o muchas de ellas no viven ni para contarlo, terminan en un cementerio. Estoy agradecida con Dios por haber usado ese corazón, ese hombre, mi esposo, y ponerlo en mi camino para obligarme a salir antes de ser una más en la historia.

Yo no estoy de acuerdo con eso de que la religión te hace creer. Yo creo que, cuando un ser humano no es feliz o alguien pisotea su dignidad de esa manera, es mejor la separación, de una manera pacífica, lo cual a veces no es posible porque todavía existen personas muy machistas que no entienden razones y solo aceptan su voluntad, es decir, solo se hace lo que ellos piensan que está bien y te obligan a quedarte con ellos. Esos hombres en realidad tienen miedo a la vida, a la soledad, y necesitan tener a alguien más frágil a su lado para poder vengarse de lo que la vida ha hecho con ellos. No son capaces de enfrentarse a alguien en su misma condición, a otros hombres con la misma fuerza que ellos tienen; se sienten muy valientes frente a una mujer y se dan el lujo de tratarlas como a ellos les da la gana.

Años después supe que aquella relación que había dejado atrás, aquel hombre que tanto me maltrató, después de nuestra separación vivió toda su vida enfermo. Continuamente estaba en el hospital por varios problemas de salud y arrepentido de la vida que me había dado, aunque, cuando coincidimos en algún lugar por mi hija, que es por la que nos reunimos en algunas ocasiones, por ejemplo, algún cumpleaños o en su graduación, siempre él se veía fuerte y muy agresivo, siempre haciendo comentarios sarcásticos, burlándose de todo el mundo. La realidad, sin embargo, era que no podía superar el haberme perdido de esa manera, quería aparentar ser fuerte y que no le importaba en lo más mínimo verme con mi esposo, verme feliz nuevamente al lado de un hombre que me amaba.

Él trató de rehacer su vida pero en ninguna relación duraba. Jamás supe la razón, porque en realidad a mí no me importaba lo que pasará con él y nunca me ponía a investigar la razón de por qué, habiendo pasado tantos años de nuestro divorcio, él nunca había encontrado la relación perfecta, o más bien, la pareja perfecta para él.

Terminamos siendo solo amigos, hablando únicamente de cosas que tenían que ver exclusivamente con mi hija.

Mi hija finalmente entró en razón. Después de dos meses de vivir con su papá, regresó a mi lado, empezó a convivir con mi esposo y conmigo. Pronto se dio cuenta de la forma en que mi esposo me trataba, y ella poco a poco fue aceptando más y más, hasta el punto de decirme lo siguiente: «¿Por qué no esperaste más tiempo para que él fuera mi papá? ¿Por qué me tocó ese señor de papá?». Yo continuamente la corrijo: «Afortunada o desafortunadamente él es tu papá, y así como es él lo tienes que querer, aceptar y respetar».

Así pasaron dos años, siempre conviviendo juntas. Por fin disfrutamos en compañía una de la otra de un día de compras, una cena, una salida al cine. Ella se quedó viviendo conmigo hasta que llegó a la edad de emprender su propio camino. Ahora es la mujer más cariñosa del mundo, siempre está al pendiente de mí y adora a su hermano pequeño. Tiene su propia familia y es una madre excepcional.

XI

Termina Camila de darle de comer a su bebé y, mientras lo levanta para que saque el aire, su esposo se despierta, se lo quita de sus brazos y lo lleva a su cuna, sin que ella se lo pida. Allí se espera hasta que el bebé se vuelve a dormir, regresa a la cama y, con un beso de buenas noches y un abrazo, vuelven a conciliar el sueño. Muchas veces ella ha pensado en lo aferrada que estaba a una relación que no era para ella y cómo ella misma se estaba negando la oportunidad de ser feliz.

Aprendió a perdonar y a aceptar a los demás tal cual son, a valorar su vida y a alejarse de las personas que la hieren, sin ofender a nadie, de la forma más pacífica. Ahora ella goza de paz y plenitud, de amor y respeto hacia todo ser humano, porque todos son hermosos y merecen ser queridos por la gente que los rodea. Ella lucha principalmente por su familia día a día, aquella por la cual se esfuerza para ser mejor ser humano sin dejarse pisotear por nadie. Ahora ella es fuerte ante las adversidades de la vida gracias a las experiencias que ha vivido y a la gente que le demostró su amor en tiempos de dolor.

A veces nos cuesta reconocer el verdadero amor, o simplemente no lo podemos ver por aferrarnos a alguien que no nos quiere o por seguir las creencias de una religión o una sociedad que te dice lo que tienes que hacer. No dejamos fluir la energía del universo y bloqueamos todas esas bendiciones que son para nosotros.

Todos los seres humanos somos hermosos y merecemos una vida plena, pero para que eso suceda tenemos que salir de ese tipo de relaciones, relaciones tóxicas que no nos dejan nada bueno, que no aportan nada positivo a nuestra vida. No permitas que los bloqueos de tu comportamiento y de tu mente te impidan ser feliz y recibir todo lo bueno que hay para ti en este mundo.

XII

Desesperada una noche por recibir ayuda de alguien, o al menos por ser escuchada, Camila escribió estas notas. Fue su alma en ese momento la que habló de todo ese sufrimiento que estaba teniendo y, con estas líneas, fue sanando poco a poco, porque fue una forma de hacerles saber a todos del daño que le habían hecho; con mucho amor en su alma y desde el corazón, los estaba perdonando.

PERDÓN

Quiero que mi perdón llegue a mis hermanos de sangre, por todas sus mentiras y rechazos hacia mí, por el odio y el rencor, si algún día lo sintieron.

A los que me hirieron física y moralmente, aquellos que fueron demasiado severos conmigo, me castigaron y que de alguna manera me hicieron la vida desagradable. Yo les perdono.

Perdono a mis hijos por sus faltas de respeto, de obediencia, de amor, de atención, de apoyo, de afecto y de comprensión, por sus malos hábitos y por todas las acciones que me molestaron.

Perdono a mi comunidad por su falta de apoyo, su falta de amistad, por no alentarme como debían, por no ser una inspiración para mí, por no ponerme en puestos que yo sentí que eran para mí porque estaba capacitada para llevarlos a cabo, por no invitarme a tareas en las que podía ser útil, por todas las heridas que me causaron. Yo les perdono.

Perdono a los amigos que hablaron mal de mí, a los que perdieron contacto conmigo, a los que no me dieron apoyo cuando más lo necesitaba, a los que les presté dinero y nunca me lo devolvieron. Yo les perdono.

Pido en forma especial al universo para obtener la gracia de poder perdonar a la persona que más me haya ofendido, pido poder perdonar a quien considero mi peor enemigo, al que me cuesta más perdonar, o por el que dije que nunca perdonaría.

Gracias, porque me libras del mal y me ayudas a perdonar. Gracias por tu amor y tu paz y por iluminarme todos los rincones de mi mente y mi alma para perdonar de corazón y sin rencores.

¡Tengo al perdón... el alma tan dispuesta;
como sorda a la ofensa y al halago!
¡Ni el mal que recibo, ni el bien que hago, merecen
alabanzas ni protestas!

La mala voluntad no me molesta
ni el injusto desdén me causa estrago.
Al sentir alguna traición, algún amago,
siempre doy el perdón como respuesta.

Soy feliz, porque el mal que he recibido
lo fui lanzando con desdén profundo
al abismo insondable del olvido.

Después del perdón, y de muchos años de llorar y recordar todo lo que había vivido, ella escribió estas líneas para todas esas mujeres que aún no se atreven a hacer lo que a ellas les gusta, a vestirse como les gustaría y a vivir con esa libertad que todo ser humano tiene desde el momento en que venimos a este mundo.

Cuando tu hombre te deje de ver con ese brillo especial en los ojos, *mándalo a la fregada*. Nunca te digas a ti misma que estás fea. Ve y prueba diferente lápiz labial, diferente color, ese color que siempre te ha gustado y que nunca te has atrevido a usar. Si siempre has querido cortarte el pelo, ve y hazlo, aunque todos te digan que no. Si te salió un grano en la cara, ámalo, porque eso quiere decir que todavía tienes una piel hermosa. Duerme lo suficiente, desmaquíllate por las noches, no vuelvas a llorar por nadie, toma agua, y ámate, no importa la edad que tengas, porque amar tu edad es autoconfianza y ese es tu mejor maquillaje. Lee un libro, una revista, o lo que más te guste leer, porque en una plática eso te hace ver más atractiva. Recuerda: la mayoría de tus problemas no existen, no son reales. Nunca te compares con nadie, y empieza otra vez, come mejor, no dejes nada para después. Invierte en un buen pijama, no importa con quién estés o si nadie duerme contigo. Ve al dentista y cuida de tu sonrisa. Dale descanso a tus pies con un buen masaje. Hazte manicura: los demás ven tus uñas más de lo que tú crees. Cómete esa deliciosa dona que se te antojó; no pasa nada si lo haces. Y no te arrepientas. Tú eres el centro del universo. Interésate en ti. Si necesitas terapia, ve. Gasta una fortuna en lo que siempre has querido. Al final, medita. Nunca hables mal de otra mujer. Aunque te dé miedo, tienes que ser disciplinada. Cepíllate tu cuerpo. No temas a la celulitis, no es una tragedia. Hazte masajes de vez en cuando.

No estás tan gorda como crees, usa tu crema de la cara en tu cuello, pinta tu pelo del color que siempre has querido. Y no te tomes tan en serio los malos comentarios de los demás. Eres mucho más guapa y hermosa de lo que tú crees.

HOMBRES y MUJERES, recuerden esto siempre:

Cada ser humano tiene el poder para levantar la niebla de su vida.

Tú también eres una pequeña célula de Dios, y cuando ya has intentado todo, absolutamente todo, y ya no puedes más, recuerda que siempre hay algo, hay alguien, más grande y más fuerte que tú, que cuando ya no puedes más, ahí está siempre para ayudarte.